Het afzien van 2021

Van dezelfde auteurs:

Het afzien van 2000
t/m
Het afzien van 2020

Fokke & Sukke aan het werk
Fokke & Sukke aan de balie
Fokke & Sukke aan de studie
Fokke & Sukke aan de kinderen
Fokke & Sukke aan de dunne
Fokke & Sukke aan het infuus
Fokke & Sukke aan het examen
Fokke & Sukke aan de drank
Fokke & Sukke aan de praat
Fokke & Sukke aan de leiding

De historische canon van Fokke & Sukke
De nieuwe historische canon van Fokke & Sukke
De bètacanon van Fokke & Sukke

Fokke and Sukke (Engelse editie)
Fakko i Cakko (Russische editie)
Feri és Sanyi (Hongaarse editie)

Fokke & Sukke Scheurkalender 2007
t/m
Fokke & Sukke Scheurkalender 2022

Fokke & Sukke kookboek

Van auteur Jean-Marc van Tol:

Opkomst en ondergang van Fokke & Sukke. Prelude

Musch (roman, eerste deel Johan de Witt-trilogie)

Reid, Geleijnse & Van Tol

Het afzien van 2021

WE GEBRUIKEN NU PRECIES ÉÉN JAAR
HETZELFDE MONDKAPJE!
RGvT

Uitgeverij Catullus, Soest

Deze Fokke & Sukke-cartoons verschenen eerder in
NRC Handelsblad, *NRC Next*, *Rendement*
en diverse andere media.

Eerste druk: november 2021
Druk: Wilco, Amersfoort
ISBN 9789492409607
www.foksuk.nl
www.catullus.nl

FOKKE & SUKKE
VINDEN EEN MOOIE AANBIEDING
HÉ, ALS JE NU GOUD BESTELT, KRIJG JE GRATIS WIEROOK EN MIRRE ERBIJ!
WAT IS DE LEVERTIJD?
RGvT

Online verkopen fors toegenomen

FOKKE & SUKKE
BLIJVEN NATUURLIJK WEL NADENKEN
NEE, WIJ ZIJN VAN DE BOOGALOO-VLEUGEL
VAN QANON
MAGA
RGvT

Proud Boys demonstreren in Washington

FOKKE & SUKKE
VONDEN HET HEFTIG
WEL VERVELEND, DIE BESTORMING VAN HET CAPITOOL...
NOU WEET NIEMAND DAT ER EEN VACCIN IS!
RGvT

Eerste vaccinaties; bestorming Capitool

FOKKE & SUKKE
WERKEN BIJ DE BELASTINGDIENST
MENEER TRUMP, NU U UW NEDERLAAG ERKEND HEBT...
...KUNNEN WE HET DAN OOK NOG EVEN OVER UW BELASTING-AANGIFTE HEBBEN?
IRS
RGvT

Trump erkent verlies

FOKKE & SUKKE
GAAN HET TORENTJE BESTORMEN
WE ZIJN AL BIJNA EEN JAAR
...NIET NAAR HET CONCERTGEBOUW GEWEEST!!!
RGvT

Publiek snakt naar cultuur

FOKKE & SUKKE
MOETEN NU VAN DEUR TOT DEUR
DAG MEVROUW, WIJ ZIJN VAN QANON
MOGEN WE U EROP ATTENT MAKEN DAT SOROS KINDERBLOED DRINKT?
MAGA
RGvT

Social Media weren extreme accounts

FOKKE & SUKKE
WILLEN RUTTE IMPEACHEN
TOESLAGEN-AFFAIRE?
ALSOF HET DRINKEN VAN KINDERBLOED AL NIET ERG GENOEG IS!!
RGvT

Val kabinet-Rutte III lijkt onvermijdelijk

FOKKE & SUKKE
BEREIKEN TOCH NOG DE MASSA
"SCHRIJF DEZE BRIEF TIEN KEER OVER EN STUUR HEM AAN TIEN VRIENDEN"
"ANDERS ZAL HET BLOED VAN JE KINDEREN GEDRONKEN WORDEN DOOR TOM HANKS EN HILLARY CLINTON"
RGvT

Twitter verwijdert 70.000 accounts van QAnon

FOKKE & SUKKE
DOEN EEN OPROEP
LATEN WE VANAVOND KLAPPEN VOOR DE MENSEN VAN DE BELASTINGDIENST!
...DIE HEBBEN HET OOK NIET MAKKELIJK
RGVT

Grote kritiek op functioneren Belastingdienst

FOKKE & SUKKE
ZIJN VAN VIRUSWAARHEID
DAT VACCIN?
STEEK DAT MAAR IN ME REET!!!
RGVT

Weerstand tegen vaccineren bij een deel van de maatschappij

FOKKE & SUKKE
VINDEN XANDER VAN DER WULP MAAR EEN LUIE DONDER
HIJ WEET ALTIJD DAGEN VAN TEVOREN WAT DE CORONA-MAATREGELEN ZIJN...
...MAAR ALS ER EEN KEER EEN KABINET OP OMVALLEN STAAT....
F
RGvT

Kabinet-Rutte III valt over de toeslagenaffaire

FOKKE & SUKKE
MISSEN HEM OP DE SOCIALE MEDIA
GELUKKIG KUNNEN WE NOG
...NAAR DE INTERIEURFOTO'S VAN TRUMP KIJKEN OP PINTEREST
RGvT

Trump ook geweerd van YouTube

FOKKE & SUKKE
KOMEN ZIJN HUIS VERKOPEN
JA, MENEER WIEBES
ER ZAT EEN FOUTJE IN UW AANVRAAG VOOR WACHTGELD...
RGvT

Wiebes verlaat de politiek wegens toeslagenaffaire

FOKKE & SUKKE
ZIJN VAN SOCIALE MEDIA VERBANNEN
MOET JE NOU KIJKEN! DIT IS ECHT HEEL SLECHT! HEEL SLECHT!!!
JA SCHAT, HET IS HEEL SLECHT
RGvT

Zonder Twitter mist Trump een uitlaatklep

FOKKE & SUKKE
MAKEN HET WITTE HUIS OP ORDE
SHIT!
TRUMP HEEFT DE RODE KNOP MEEGENOMEN
RGVT

President Biden betrekt het Witte Huis

FOKKE & SUKKE
GAAN NOG LEKKER DE DEUR UIT
WIJ HEBBEN OP MARKTPLAATS EEN BOA-PAK GEKOCHT
...DAT SCHEELT WEER ZO'N ZWARE THUISBEZORGD-RUGZAK
RGVT

Mensen proberen onder de avondklok uit te komen

FOKKE & SUKKE
HOUDEN HUN HART VAST
WAT VOOR IDIOOTS HEEFT DIE BIDEN NOU WEER GEZEGD?!?
RGVT

Met Biden *back to normal*?

FOKKE & SUKKE
WERDEN GEVRAAGD VOOR EEN ETENTJE
KUT. ZE HEBBEN MIJ UITGENODIGD.
RGVT

Avondklok gaat in; maximaal één persoon op bezoek

FOKKE & SUKKE
GAAN NIET STEMMEN
HET WORDT TOCH GEWOON
HET TWEEDE KABINET-GOMMERS
F
RGvT

Verkiezingsretoriek begonnen

FOKKE & SUKKE
WAREN OOK OP HET MUSEUMPLEIN
SCHANDALIG HOE DIE ANTIFA'S
DE ECHTE CORONAWAPPIES VERDACHT MAKEN!!
stop corona dictatuur!
RUTTE ROT OP
RGvT

Demonstraties monden uit in rellen

FOKKE & SUKKE
HADDEN EEN RUIGE NACHT
KUN JE EIGENLIJK CORONA KRIJGEN VAN BLOEDSPETTERS?
POLITIE
RGVT

Politie grijpt hard in bij demonstraties tegen coronamaatregelen

FOKKE & SUKKE
SPAREN WAPPIES
YES! IK HEB DE SG-WAPPIE!
SHIT, ALWÉÉR EEN CORONAWAPPIE
F
RGVT

Complotdenkers zijn er in alle soorten en maten

FOKKE & SUKKE
VERLIEZEN HET VERTROUWEN IN BIG PHARMA
HET LIJKT WEL ALSOF ZE GELD PROBEREN TE VERDIENEN
OVER DE RUG VAN ZIEKE MENSEN!!!!
RGvT

EU in de clinch met AstraZeneca

FOKKE & SUKKE
BEKIJKEN DE LAATSTE PEILINGEN
DE VVD KAN INMIDDELS IEMAND NEERSCHIETEN OP FIFTH AVENUE
EN GEEN ZETELS VERLIEZEN
RGvT

VVD blijft stijgen in de peilingen

FOKKE & SUKKE
HEBBEN LAST VAN HET DATALEK
WE LIETEN ONS TESTEN
EN NU ZITTEN WE OPEENS IN HET PANEL VAN MAURICE DE HOND!
F
RGvT

Groot datalek bij GGD

FOKKE & SUKKE
VOEREN BELANGRIJKE VERSOEPELINGEN DOOR
WE DOEN EERST DE DANSSCHOLEN OPEN!
DAN IS DIE WILLEM ENGEL TENMINSTE VAN DE STRAAT
F
RGvT

Scholen binnenkort weer open?

FOKKE & SUKKE
WERKEN OP DE IC IN HET ERASMUS
NEE, WIJ HEBBEN DIEDERIK NOG NOOIT OP TV GEZIEN
WIJ MOETEN NAMELIJK DE HELE TIJD WERKEN!
RGVT

Diederik Gommers vaste gast talkshows

FOKKE & SUKKE
HEBBEN ZO HUN BRONNEN
IN APRIL TERUG NAAR DE INTELLIGENTE LOCKDOWN!
ALS DÁT EENS WAAR KON ZIJN!
RGVT

Persconferentie: lockdown verlengd

FOKKE & SUKKE
VINDEN DAT BEN VAN BEURDEN
EEN EXTRA BONUS VERDIENT
DIE LOODST DAT
GEPLAAGDE SHELL
TOCH MAAR DOOR
DEZE LOODZWARE
TIJDEN!
F
RGVT

Shell lijdt recordverlies

FOKKE & SUKKE
HEBBEN DIT MET ALLE STERRENBEELDEN
JA HOOR; WÉÉR.
AL EEN JAAR!
"JE ZIT DE HELE
DAG BINNEN; ZIET
NIEMAND EN MAAKT
NIKS MEE"
RGVT

Corona; hoe lang gaat het nog duren?

FOKKE & SUKKE
ZITTEN IN DE REDACTIE VAN JINEK
BIJ OP1 VALT VANAVOND HET E-WOORD!!
BEL ERBEN DAT WE HET DUBBELE BIEDEN!!!
RGvT

Kou zorgt voor opwinding in het land

FOKKE & SUKKE
ZIJN VAN HET RED TEAM
WIJ RADEN EEN ELFSTEDENTOCHT AF
VANWEGE HET RISICO VOOR POLSEN EN ENKELS
RGvT

Komt Elfstedentocht in zicht?

FOKKE & SUKKE
MOGEN TÓCH BIJ FORUM VOOR DEMOCRATIE BLIJVEN
KAN MIJ HET SCHELEN MET WIE ONZE ZUS HET ALLEMAAL DOET!
DE SLOERIE!
RGvT

Ophef over racistische whatsappjes partij Baudet

FOKKE & SUKKE
ZITTEN IN DE VAKGROEP RECHTSFILOSOFIE IN LEIDEN
YOSHIRO MORI KAN MÓRGEN BEGINNEN...
BIJ ONS OP HET GANGETJE
RGvT

IOC veroordeelt vrouwonvriendelijke uitspraken Mori

FOKKE & SUKKE
DOEN VERSLAG
ER BREKEN INMIDDELS RELLEN UIT
OM PLEKKEN WAAR JE JE VETERS KUNT VASTMAKEN
NOS
NOS
RGvT

Aanhoudende vorst veroorzaakt schaatsdrukte

FOKKE & SUKKE
KREGEN NIKS
BLUE MONDAY
DE MAANDAG NA VALENTIJNSDAG
F
RGvT

Valentijnsdag 2021 gevierd in lockdown

FOKKE & SUKKE
HEBBEN EINDELIJK HUN SCHAATSEN GEVONDEN
WIJ WACHTEN GEWOON...
OP DE TWEEDE GOLF.
RGVT

Dag van nationale dooi

FOKKE & SUKKE
WILLEN DE AVONDKLOK ONMIDDELLIJK TERUG
RECHTERS DIE OP DE STOEL VAN DE WETGEVER GAAN ZITTEN...
SCHANDE!!!
RGVT

Rechtbank: 'De avondklok moet per direct worden opgeheven'

FOKKE & SUKKE
DRUKKEN DE VERLIEZEN
WIJ ZETTEN DE KOMENDE JAREN VÓL IN OP DE VERKOOP
VAN KLEINE PORSELEINEN HUISJES
RGvT

KLM lijdt miljardenverlies

FOKKE & SUKKE
WILLEN DE SPOEDWET ONLINE DOOR DE EERSTE KAMER LOODSEN
ALS ER NOU MAAR GENOEG SENATOREN ZIJN
DIE HUN MICROFOON VAN MUTE WETEN TE HALEN!
RGvT

Tijdelijke Wet COVID-19 aangenomen

FOKKE & SUKKE
HEBBEN OOK EEN WAGENTJE OP MARS
WE HEBBEN ALLEEN DE PARKEER-APP NOG NIET KUNNEN ACTIVEREN
FOSU
F
RGvT

NASA-Marsverkenner Perseverance is met succes geland

FOKKE & SUKKE
DOEN HET KIESKOMPAS
BIJ DE VRAAG 'MAN OF VROUW' BEGON IK AL TE TWIJFELEN
RGvT

Op wie moet je stemmen?

FOKKE & SUKKE
ZIJN HEEL BENIEUWD WAT HET OMT ERVAN VINDT
WIJ HEBBEN NET ONZE EERSTE PROEFBUKKAKE ACHTER DE RUG
RGVT

Fieldlabs: proefevenementen met echt publiek

FOKKE & SUKKE
GEVEN EEN PERSCONFERENTIE
DE DRIE TOPECONOMEN ZIJN OVERGESTAPT NAAR HET INTERNATIONALE HERSTEL.COM
...DAT GEVESTIGD IS OP GUERNSEY
F
RGVT

Prominente economen verlaten *Herstel.nl*

FOKKE & SUKKE
ZWEVEN NOG
"HOE VINDT U DAT RUTTE HET LAND DOOR DE CRISIS LEIDT?
A SUBLIEM
B INSPIREREND
C ALS EEN STAATSMAN"
WELKE STEMWIJZER IS DIT?
RGvT

Hoe onafhankelijk zijn online stemhulpen?

FOKKE & SUKKE
ZOEKEN EEN SENSITIVITY READER VOOR UITGEVERIJ MEULENHOFF
BIJ GELIJKE GESCHIKTHEID GAAT DE VOORKEUR UIT
NAAR EEN TRANS MET GROTE TIETEN
RGvT

Kritiek op keuze vertaler van Amanda Gormans 'The Hill We Climb'

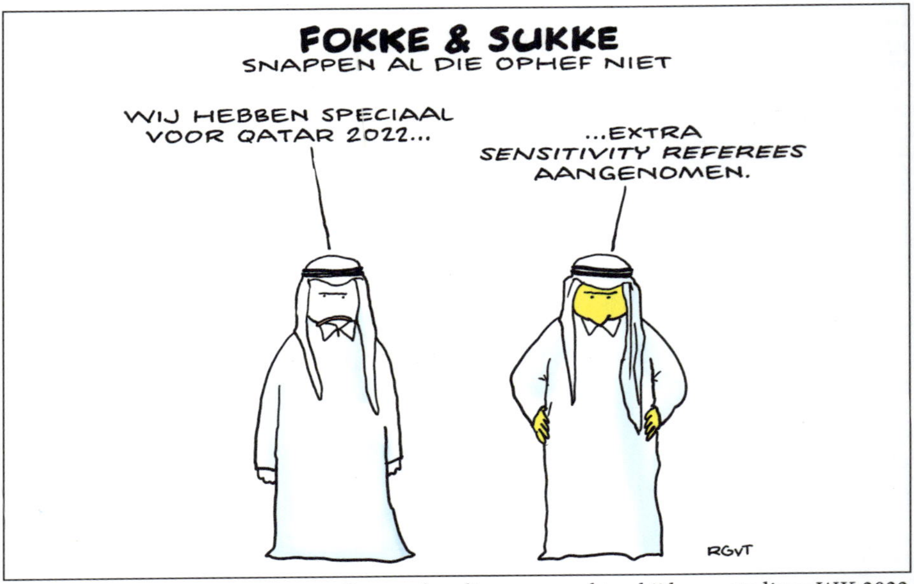
FOKKE & SUKKE
SNAPPEN AL DIE OPHEF NIET
WIJ HEBBEN SPECIAAL VOOR QATAR 2022...
...EXTRA SENSITIVITY REFEREES AANGENOMEN.
RGvT

Qatar schendt mensenrechten bij bouw stadions WK 2022

FOKKE & SUKKE
HEBBEN HET ONDERZOCHT
BIJ ONS OP DE ZAAK WORDT MIGRAINE VOORAL VEROORZAAKT
DOOR KINDEREN DIE NIET NAAR SCHOOL MOGEN!
F
RGvT

Wanneer gaan de scholen weer open?

FOKKE & SUKKE
ZITTEN HUN HELE STUDIETIJD AL BINNEN
NOU, IK GA PAS SOLLICITEREN ALS BEDRIJFSBORRELS WEER MOGEN!!
RGvT

Corona treft studenten hard

FOKKE & SUKKE
KUNNEN ER WEER TEGENAAN
WAT ZIE JIJ ER VERSOEPELD UIT!
JA JOH! KAPPER, SCHOONHEIDSSPECIALIST ÉN MASSEUR GEDAAN, GISTER!
RGvT

Kappers eindelijk weer open

FOKKE & SUKKE
WETEN NU ZEKER DAT HUN TELEFOON HEN AFLUISTERT
IK KRIJG STEEDS RECLAMES VOOR BIER, VAKANTIES EN CONTACTBEROEPEN
F
RGVT
Google schendt Europese privacyrichtlijnen

FOKKE & SUKKE
DOEN EEN HANDREIKING
DE TERRASSEN BLIJVEN NOG EVEN DICHT
...MAAR: EEN ELFSTEDENTOCHT MAG WÉL DOORGAAN!
RGVT
Mooi weer vergroot druk op Rutte voor het openen van terrassen

FOKKE & SUKKE
WAREN ER TOCH EVEN LANGSGELOPEN
WEET U WIE GISTEREN GEWOON OP DE TRAP IN DE STADSSCHOUWBURG ZAT?
DE GEEST VAN HARRY MULISCH!
RGvT

Geen Boekenbal vanwege corona

FOKKE & SUKKE
SPREKEN DE HEREN EVEN TOE
RUSTIG NOU, JONGENS!
MORGEN IS HET GEWOON WEER MANNENDAG!
RGvT

Internationale Vrouwendag 2021

FOKKE & SUKKE
HEBBEN BRONNEN IN HET BRITSE KONINGSHUIS
ZE WAREN OP ZICH WÉL WEER BLIJ
...DAT HARRY "NIET MET EEN NEGER" THUISKWAM
RGvT

Meghan Markle: 'Koninklijke familie had zorgen over Archies huidskleur'

FOKKE & SUKKE
WERKEN BIJ UNILEVER
"voor ~~normaal~~ haar"
...NEE... VOOR "HEN"!
RGvT

Unilever stopt met vermelden 'normaal' op schoonheidsproducten

FOKKE & SUKKE
HOUDEN SLECHT CONTACT MET DE COLLEGA'S
DIE VENT RECHTSONDER, DÁT IS TOCH DE VRIES?
HÈ? WERKT DIE HIER NOG?
RGVT

Thuiswerken begint mensen op te breken

FOKKE & SUKKE
HEBBEN IETS TE VIEREN
WE GEBRUIKEN NU PRECIES ÉÉN JAAR
HETZELFDE MONDKAPJE!
RGVT

Twaalf maanden Corona

FOKKE & SUKKE
VERTROUWEN DE NPO NIET MEER
GA JIJ STEMMEN?
NOU... IK HEB OP FACEBOOK GELEZEN DAT ZO'N STEMBILJET HELEMAAL NIET WERKT...
RGvT
Lage opkomst verwacht bij verkiezingen

FOKKE & SUKKE
BEKIJKEN HUN TELEFOONREKENING
VOLGENS HET CBS HEB IK MIJN DATABUNDEL OVERSCHREDEN
IK OOK
RGvT
T-Mobile deelde jarenlang klantendata met CBS

FOKKE & SUKKE
ZIJN NOG ZWEVENDE KIEZERS
WAT WORDT HET?
...VANDAAG, MORGEN OF TOCH WOENSDAG...
RGvT
Drie verkiezingsdagen wegens corona

FOKKE & SUKKE
VREZEN HET ERGSTE
IEDEREEN MET EEN BAAN KRIJGT NA DE VERKIEZINGEN...
...EEN "ARBEIDSTOESLAG" OVERGEMAAKT VAN DE BELASTINGDIENST!
RGvT
Kabinet roept op om zoveel mogelijk thuis te werken

FOKKE & SUKKE
WILLEN TERUG NAAR HET OUDE NORMAAL
IK ZAL BLIJ ZIJN ALS IEDEREEN IS GEVACCINEERD...
...EN WE HET WEER OVER 5G KUNNEN HEBBEN!
Mondkapje = Dictatuur!
RGvT

Trends in complotdenken moeilijk te volgen

FOKKE & SUKKE
ZAGEN BAUDET HOSSEN OP HAZES
WAAR ZIJN BRAHMS, BEETHOVEN, STRAUSS, SCHUMANN, DEBUSSY ETC?
WAT IS ER MET HEM AAN DE HAND!?!
F
RGvT

Baudet laat composities van A. Hazes jr. horen

FOKKE & SUKKE
WAARSCHUWEN HET PUBLIEK
100 PROCENT ZEKER IS HET DAT HET ASTRAZENECA-VACCIN...
...HET STATISTISCH VERMOGEN VAN VIROLOGEN AANTAST.
RGvT

Inenting AstraZeneca gestaakt vanwege kleine kans op bijwerkingen

FOKKE & SUKKE
SCHROKKEN VAN DE UITSLAG
MET DIE KAAG...
'T IS TOCH EEN ENORME RUK NAAR HET MIDDEN!
RGvT

D66 grote winnaar Tweede Kamerverkiezingen

FOKKE & SUKKE
HEBBEN HET NIEUWE MONOPOLY AL
"U HEEFT GEEN VACCINATIEPASPOORT; GA DIRECT NAAR DE GEVANGENIS, GA NIET LANGS START, U ONTVANGT GEEN 20.000 EURO"
RGvT

Monopoly op zoek naar nieuwe *Algemeen Fonds*-kaartjes

FOKKE & SUKKE
ZITTEN IN HET CIVIELE LEGER VAN BAUDET
HET KLINKT HEEL WAT
MAAR JE STAAT TOCH VOORAL JE EIGEN AUTO TE WASSEN
RGvT

Baudet roept op tot vorming 'civiel leger'

FOKKE & SUKKE
HEBBEN HET MAAR DRUK
GA JIJ NOG NAAR HET MUSEUMPLEIN?
NAH... IK HEB OOK EEN FEESTJE...
RGvT

'Verpleegsters' en 'veteranen' 'verdedigen' demonstranten

FOKKE & SUKKE
PRESENTEREN OP1
KUNT U HET NOG ÉÉN KEER UITLEGGEN, MENEER GOMMERS
ZOMERTIJD: KRIJGEN WE NOU EEN UUR ERBIJ OF NIET?
F
RGvT

Avondklok een uur verschoven

FOKKE & SUKKE
ZOOMEN IN
"FUNCTIE ELDERS"?
OMTZIGT NIEUWE DIRECTEUR VAN DE BELASTINGDIENST
RGvT

Aantekeningen verkenner Ollongren per ongeluk zichtbaar

FOKKE & SUKKE
ZITTEN AL DRIE WEKEN TE WACHTEN
KLOTE SUEZKANAAL!
DIT IS DE LAATSTE KEER DAT WE EEN VROUW IN THAILAND BESTELLEN!
RGvT

Gestrand schip blokkeert Suezkanaal

FOKKE & SUKKE
ZATEN ER HELEMAAL KLAAR VOOR
UIT RESPECT VOOR ALLE MENSEN DIE BIJ ALI BABA HEBBEN BESTELD HEEFT DE KAPITEIN ZIJN GESPREK BIJ BEAU AFGEZEGD
F
RGvT

Rapper Bilal Wahib schuift uit respect niet aan bij Beau

FOKKE & SUKKE
GELOVEN IN PIETER OMTZIGT
MAAR LET OP! ZONDAG STAAT HIJ OP UIT DE BURNOUT
...MET 23 ZETELS IN DE PEILINGEN!
RGvT

Overspannen Omtzigt maakt CDA-rol in formatie lastig

FOKKE & SUKKE
ZIJN OP ZICH NATUURLIJK VOOR PERSVRIJHEID
MAAR ALS JE NAAR URK GAAT MET EEN HEEL KORT ROZE PLOPKAPJE...
...DAN VRAAG JE ER ZELF OOK WEL EEN BEETJE OM
RGVT

Urker ingereden op journalist

FOKKE & SUKKE
HEBBEN AL ZOVEEL INGELEVERD
ALS *IEMAND* ONS ROKJESDAG PROBEERT AF TE PAKKEN...!!!
F
RGVT

Wat mag de witte heteroman nog wel tegenwoordig?

FOKKE & SUKKE
ZIJN EEN DAG TE LAAT
HÉ FOKKE, JE KRIJGT 15.000 EURO BTW TERUG!!!
ECHT?
1 APRIL!!!!
RGvT

1 april 2021

FOKKE & SUKKE
TRAPPEN ER VOLLEDIG IN
ZE HEBBEN 1 APRIL OOK AFGESCHAFT!!!
GOD-VER-DOMME!!!
RGvT

Cancel culture

FOKKE & SUKKE
OVERHANDIGEN ALLE NOTITIES VAN DE VERKENNINGEN
NATUURLIJK HEBBEN WE VANWEGE DE AVG
ALLE NAMEN ZWARTGELAKT
RGvT

Ex-verkenners Jorritsma en Ollongren nemen onrust niet weg

FOKKE & SUKKE
WETEN EINDELIJK HOE HET ZIT
RUTTE BELT IEDERE OCHTEND OM HALF ACHT...
...ALTIJD EVEN MET GEORGE SOROS
F
RGvT

Wie was de bron die Rutte niet wilde prijsgeven?

FOKKE & SUKKE
HEBBEN GOED NIEUWS
RUTTE HEEFT NET EEN ZELFTEST GEDAAN
EN HIJ KAN ER NOG PRIMA TEGENAAN!
F
RGvT

Rutte strijdbaar, ook na motie van afkeuring

FOKKE & SUKKE
ZOEKEN EEN INFORMATEUR
...IEMAND DIE NIET AL TE GOED IS INGEVOERD IN DE HAAGSE POLITIEK...
WILLEM-ALEXANDER!!
F
RGvT

Kamer vervolgt zoektocht naar nieuwe informateur

FOKKE & SUKKE
HATEN DIE ASTRAZENECA-TYPES
ER ZITTEN ALLEMAAL KLONTJES TUSSEN M'N TANDEN...
BAH!
RGvT
AstraZeneca naarstig op zoek naar oplossing voor trombose

FOKKE & SUKKE
GAAN MOOI NIET NAAR DE EFTELING
ZIT JE STRAKS IN DE PYTHON
MET ALLEEN MAAR GEVACCINEERDE BABYBOOMERS!
RGvT
Fieldlab-dag in Efteling afgelast wegens te weinig belangstelling

FOKKE & SUKKE
ZIJN BANG VOOR DE BIJWERKINGEN VAN ASTRAZENECA
VOOR JE HET WEET ZIT JE OPEENS
...VOOR FORUM IN DE EERSTE KAMER!
RGvT

Hiddema voor FvD naar Eerste Kamer

FOKKE & SUKKE
MISSEN TRUMP
EN NOU HEBBEN WE HENK KROL ÓÓK AL NIET MEER.
RGvT

Henk Krol verlaat Tweede Kamer

FOKKE & SUKKE
HATEN SPOILERS
PRINS PHILIP IS D..
IK WIL HET NIET WETEN! IK WIL HET NIET WETEN!!!
THE CROWN
RGvT

Britse prins Philip (99) overleden

FOKKE & SUKKE
ZITTEN IN DE VVD-FRACTIE
"DE NIEUWE BESTUURS-CULTUUR GAAT IN OP MAANDAG 26 APRIL..."
"HAAL VOOR DIE TIJD JE CERTIFICAAT"
RGvT

Roep om nieuwe bestuurscultuur in Den Haag

FOKKE & SUKKE
WILLEN DE TERRASSEN WEER OPEN
VOOR ÉÉN DEMONSTRANT
...HEB JE AL 15.000 LITER WATER NODIG!
RGvT
Meestal géén anderhalve meter afstand bij demonstraties en parkborrels

FOKKE & SUKKE
HEBBEN DIT HELEMAAL DOORGEREKEND
DE KANS DAT DE TERRASSEN BINNENKORT OPEN GAAN IS NÓG KLEINER...
...DAN DE KANS OP TROMBOSE BIJ ASTRAZENECA!
RGvT
Persconferentie: terrassen blijven dicht

FOKKE & SUKKE
WERKEN IN HET ZIEKENHUIS
IK NEEM AAN DAT WIJ ALS MANAGERS
...VOORRANG KRIJGEN BIJ DE ZORGBONUS
F
RGvT

500 euro zorgbonus; managers Meander MC eerder gevaccineerd dan verpleging

FOKKE & SUKKE
STUREN DE KINDEREN OP EXAMENTRAINING
HET IS EEN ONDERDEEL VAN ONZE WITTE GEPRIVILEGIEERDE CULTUUR
DAT WIJ GRAAG AAN ONZE KINDEREN DOORGEVEN
F
RGvT

Bijles vooral voor kinderen van rijke, hoogopgeleide ouders

FOKKE & SUKKE
GENIETEN VAN HET HOLLANDSE LANDSCHAP
WAT KLEUREN
DE AKKERS WEER
PRACHTIG ORANJE
RGVT

Boeren blijven omstreden middel glyfosaat gebruiken

FOKKE & SUKKE
REKENEN OP ASTRAZENECA
MET EEN BEETJE MAZZEL HOEVEN ER ONDER ONZE OUDERE WERKNEMERS...
...GEEN GEDWONGEN ONTSLAGEN PLAATS TE VINDEN.
RGVT

Bijwerkingen vaccins baren zorgen

FOKKE & SUKKE
RUIKEN HET GROTE GELD
DE KORFBAL SUPER LEAGUE!
VOOR DE TWEE BESTE KORFBAL-LANDEN TER WERELD!
RGvT

Grote Europese voetbalclubs komen met plan Super League

FOKKE & SUKKE
ZITTEN OP DE HAAGSE REDACTIE
RUTTE HEEFT HET NU ÉCHT VERPEST!
ALS ER NU VERKIEZINGEN ZOUDEN ZIJN, KRIJGT IE ER MAAR 6 ZETELS BIJ!
F
RGvT

Kabinet stuurde informatie over toeslagenaffaire expres niet naar Kamer

FOKKE & SUKKE
VINDEN DE POLITIEK MAAR LASTIG
...HET WAS ÓF DE HEMA REDDEN, ÓF DE TOESLAGENOUDERS COMPENSEREN...
...EN TOEN BELDE DE KLM!
F
RGvT

Staat overwoog koop HEMA-aandelen

FOKKE & SUKKE
MAKEN PLANNEN VOOR DE MEIVAKANTIE
ZULLEN WE DAN DONDERDAG NAAR DE WEBSITE VAN DE KEUKENHOF GAAN?
F
RGvT

Wat te doen in de lockdownvakantie?

FOKKE & SUKKE
STAAN TÓCH OP DE VRIJMARKT
ASTRAZENECA VACCINS!
1 EURO!
Alles voor een prikkie!
RGvT

Koningsdag 2021

FOKKE & SUKKE
WILLEN ZICH AAN DE REGELS HOUDEN
MOET JE NOU TIJDENS DE TWEE MINUTEN STILTE EEN MONDKAPJE OP OF NIET?
WE KUNNEN HET WEER **NERGENS** VINDEN
RGvT

Dodenherdenking 2021

FOKKE & SUKKE
HOOR JE NIET KLAGEN
...BEVRIJD...
...VAN ALLE FESTIVALS EN LAAG OVERVLIEGENDE HELIKOPTERS VANDAAG.
RGvT

Bevrijdingsdag 2021

FOKKE & SUKKE
ZIJN AL DERTIG JAAR WERKZAAM ALS JOURNALIST
MAAR HET IS VOOR HET EERST DAT WE VIA AMNESTY STEUNBETUIGINGEN ONTVANGEN...
...UIT RUSLAND, TURKIJE EN CHINA.
RGvT

Nederland weer plek gezakt op persvrijheidsindex RSF

FOKKE & SUKKE
ZIJN HEEL GOED MET COMPUTERS
MAAR EEN VROUW GAAN WE NOOIT VINDEN
NOU, MELINDA GATES IS ANDERS WEL WEER VRIJ!
RGvT

Bill en Melinda Gates gaan scheiden

FOKKE & SUKKE
HALEN DE TWEEDE WERELDOORLOG ER OOK EEN KEER BIJ
WIJ ZOUDEN HET ALS EEN ENORME STEUN ERVAREN
...ALS DE KONING ÓÓK EEN NOS-LOGO OP ZIJN JAS ZOU DRAGEN
NOS
NOS
RGvT

Minister De Jonge boos om vergelijking met Tweede Wereldoorlog in poster FvD

FOKKE & SUKKE
MOCHTEN EINDELIJK WEER NAAR DE KROEG
WE WAREN HET GELUKKIG NOG NIET VERLEERD
HUH? WAT WAREN WE NIET VERLEERD?
RGVT

Terrassen mogen open tot 18.00 uur

FOKKE & SUKKE
ZIJN GEVACCINEERD
ALLE OUDJES ZEGGEN JA TEGEN MRNA
ALS JE BITCH WIL CHILLEN, IS HET GEEN PROBLEEM DAN GA IK ERHEEN, IK KOM NIET ALLEEN
RGVT

Steeds meer 60-plussers gevaccineerd

FOKKE & SUKKE
WILLEN DOLGRAAG EEN NIEUWE BESTUURSCULTUUR
MAAR WE MOETEN HELAAS WACHTEN...
...TOT PIETER OMTZIGT WEER BETER IS
RGvT

Nieuwe bestuurscultuur laat op zich wachten

FOKKE & SUKKE
MAKEN DE BALANS OP
HEB JE HEMELVAART OF SUIKERFEEST GEVIERD?
....WERELDCOCKTAILDAG....
BONK
BONK
BONK
BONK
RGvT

2021: Hemelvaart, Suikerfeest en Wereldcocktaildag vallen op zelfde dag

FOKKE & SUKKE
ZIEN UIT NAAR DE VERSOEPELINGEN
MAAR MOGEN WE VAN DE ZOMER DAN OOK WEER GRAPPEN OVER HOMO'S MAKEN?
NEE, FOKKE... DÁT KOMT NOOIT MEER TERUG.
RGvT

Versoepelingen vanaf 18 mei

FOKKE & SUKKE
LATEN HUN HART SPREKEN
MENSEN DIE MOETEN VLUCHTEN VOOR EEN DICTATUUR
...ZIJN NATUURLIJK WELKOM IN DE TWEEDE KAMER, MENEER VAN HAGA
RGvT

Van Haga breekt met FvD

FOKKE & SUKKE
BALEN VAN DAT POLITIEKE STEMGEDRAG
...ZUL JE ZIEN DAT DE GAZASTROOK WEER GEEN PUNTEN GEEFT AAN ISRAËL
EUROVISION
SONG CONTEST
ROTTERDAM 2021
RGvT

Eurovisie Songfestival 2021 in Rotterdam

FOKKE & SUKKE
ZIJN AAN DE BEURT
VANDAAG WORDEN ALLE MENSEN UIT HET LAATSTE JAAR OPGEROEPEN...
...OM EXAMEN TE DOEN...
RGvT

Eindexamens van start gegaan

FOKKE & SUKKE
HEBBEN METEEN GEBOEKT
WIJ GAAN NAAR DE CANARISCHE EILANDEN
DAAR ZIJN DE MUSEA TENMINSTE OPEN
RGVT

Musea in Nederland mogen nog niet open

FOKKE & SUKKE
ZITTEN MET HUN HELE VERMOGEN IN BITCOIN
WAAR BLIJFT DE EUROPESE CENTRALE BITCOINBANK...
...OM STEUNAANKOPEN TE DOEN?!!
F
RGVT

Sterke daling koers bitcoin

FOKKE & SUKKE
HIELDEN HET SNEL VOOR GEZIEN
TESTSAMENLEVING
WIJ ZIJN ER TEGEN!
Stilte!
Examens
RGvT
Veel ondernemers tegen plannen *Testen voor Toegang*

FOKKE & SUKKE
MAKEN HET EXAMEN ECONOMIE
"SYWERT ZET 30 MILJOEN EURO OP DE BANK. REKEN UIT HOEVEEL NEGATIEVE RENTE HIJ MOET BETALEN."
RGvT
Eindexamen economie niet makkelijk dit jaar

FOKKE & SUKKE
ZIJN KRITISCHE DENKERS
DIE LOEKASJENKO IS GEEN GEVAARLIJKE DICTATOR...
...HIJ IS GEWOON EEN SOORT GRIEPJE
RGvT

Europa's laatste dictator in sommige kringen beschouwd als held

FOKKE & SUKKE
GAAN SIGNEREN
DUS JIJ HEBT HEEL HARD GEZOPEN ACHTER JE LAPTOP GISTEREN?
JA MAN... ONLINE BOEKENBAL
BONK
BONK
BONK
HIER SIGNEREN FOKKE & SUKKE
RGvT

Boekenweek 2021 zonder traditionele Boekenbal

FOKKE & SUKKE
GEVEN LES OP DE VRIJE SCHOOL
HET IS FIJN ALS JE HET EVEN KOMT MELDEN...
ALS JE OUDERS ZICH STIEKEM HEBBEN LATEN VACCINEREN
RGvT

Wel of niet vaccineren veroorzaakt maatschappelijke verdeeldheid

FOKKE & SUKKE
ZITTEN IN DE TOP VAN HET CDA
WE MOETEN NOG EEN FUNCTIE ELDERS VOOR VAN LIENDEN...
...VOORZITTER VAN DE KAMPEERRAAD?
RGvT

Blijft Sywert van Lienden bij CDA?

FOKKE & SUKKE
ZIJN DE KWAADSTEN NIET
JANSSEN, ASTRAZENECA EN DE MONDKAPJES VAN SYWERT
...DONEREN WE ALLEMAAL AAN SURINAME!
RGvT

Nederlandse hulpgoederen naar Suriname

FOKKE & SUKKE
HEBBEN METEEN GEBOEKT
HIER IN THIERRYPOLIS ZIJN DE TERRASSEN GEWOON DE HELE NACHT OPEN!
EN CORONA BESTAAT NIET IN BAUDETANIË!
F
RGvT

Baudet wil eigen staat voor Forum-mensen

FOKKE & SUKKE
HEBBEN EEN KATER
WE HEBBEN GISTEREN LEKKER MET VRIENDEN IN DE TUIN OP EEN GROOT SCHERM...
...NAAR SYWERT BIJ BUITENHOF GEKEKEN
BONK BONK
RGvTL

In opspraak geraakte Sywert van Lienden bij Buitenhof

FOKKE & SUKKE
ZIJN WEER OPEN
OH, U BENT MET JANSSEN GEVACCINEERD?
SORRY, WE ZIJN HELEMAAL VOL
PLEASE WAIT TO BE SEATED
RGvT

Restaurants weer open

FOKKE & SUKKE
ZIJN BANG DAT WILDERS HET OVER HEN HAD
"UITZONDERINGEN DAARGELATEN"?!
RGvT

Wilders: 'Journalisten zijn - uitzonderingen daargelaten - gewoon tuig van de richel'

FOKKE & SUKKE
KOMEN NIET IN EK-STEMMING
WE HEBBEN DE VERSIERINGEN VAN ZOLDER GEHAALD
MAAR DE ORANJE VLAGGETJES ZITTEN WEER HELEMAAL IN DE KNOOP!
RGvT

Nog geen sprake van EK-koorts

FOKKE & SUKKE
HEBBEN LEKKER WAT TE LEZEN
DE ZEVEN ZUSSEN, SUSAN SMIT... JO NESBØ...
...EN DE NIEUWE OMTZIGT NATUURLIJK! HEERLIJK!
RGvT

Explosief memo Omtzigt gelekt

FOKKE & SUKKE
WETEN NIET OF ZE VOLGENDE KEER OP OMTZIGT STEMMEN
ZO'N ONE-ISSUEPARTIJ...
HEEFT MAAR ÉÉN THEMA... ...DAT HET PARLEMENT NAMENS ONS DE MACHT CONTROLEERT!
RGvT

Pieter Omtzigt breekt met CDA

FOKKE & SUKKE
MOETEN NODIG WAT WEGMOFFELEN
HEB JIJ NOU EEN MEMO ONDER JE PET?
JA, DE DOOFPOT WAS VOL
RGvT
Memo toeslagenaffaire mogelijk expres weggemoffeld door Belastingdienst

FOKKE & SUKKE
GAAN DE WIJKEN IN
WIJ BIEDEN YOGA, GEMBERTHEE EN VACCINATIES
OM GEMARGINALISEERDE GROEPEN TE BEREIKEN
RGvT
Vaccinatiebereidheid wisselt in het land

FOKKE & SUKKE
ZIJN HET ZAT
BIJ WELKE VERSOEPELING MOGEN WE EINDELIJK WEER
...EEN MUNTJE IN HET SUPERMARKT-KARRETJE DOEN?
RGvTN

Verregaande versoepelingen op komst

FOKKE & SUKKE
MOGEN WEER NAAR KANTOOR
STRAKS OOK GEEN MONDKAPJE MEER
KUN JE EINDELIJK WEER MET JE TONG IN DE REET VAN DE BAAS
RGvT

Mondkapjesplicht afgeschaft?

FOKKE & SUKKE
LOPEN DE DEUR PLAT IN DE DEN HAAG
EEN REGEERAKKOORD IS NIET COMPLEET
...ZONDER EEN NOODPLAN VOOR DE MONDKAPJES- EN HANDGEL-INDUSTRIE!
F
RGvT

Persconferentie: geen mondkapjes meer

FOKKE & SUKKE
HOUDEN VOL DAT HET NIET PERSOONLIJK IS
...MONDKAPJES WEG, IEDEREEN WEER NAAR KANTOOR...
ALLEEN DANSSCHOLEN BLIJVEN NOG HÉÉL LANG DICHT!
RGvT

Meeste coronamaatregelen opgeheven

FOKKE & SUKKE
DOEN NIET MOEILIJK
HOMO? BOEIE!
ZOLANG JE MAAR GEEN JAZZ DRAAIT IN DE SPELERSBUS
RGvT

UEFA verbiedt stadion in regenboogkleuren

FOKKE & SUKKE
MOGEN NOG WEL STUNTEN MET HUN PRIJZEN
BIER?
NEE, DIT IS HOPFANTASIE!
BROUWERIJ DE VOGELS
BROUWERIJ DE VOGELS
RGvT

Stunten met bier niet meer toegestaan

FOKKE & SUKKE
ZIJN BLIJ DAT ORANJE EINDELIJK DE TEGENSTANDER WEET
VOOR MENSEN MET EEN HEKEL AAN WISKUNDE...
WAS DIT HET ZWAARSTE EK OOIT!
RGvT

Ingewikkelde berekeningen voor achtste finale EK

FOKKE & SUKKE
MAKEN ZICH ZORGEN OVER DE BIODIVERSITEIT
CORONA HEEFT ER ENORM INGEHAKT
DE EUROPESE KROEGTIJGER STAAT OP UITSTERVEN!
RGvT

Sinds 2007 niet zo weinig cafés

FOKKE & SUKKE
VERWACHTEN 400.000 BEZOEKERS PER JAAR
PALEIS SOESTDIJK WORDT DOOR ONS OMGETOVERD...
...IN HET ALLEREERSTE MONDKAPJESMUSEUM VAN EUROPA!
RGvT

Wil projectontwikkelaar tuin Soestdijk in vinexwijk veranderen?

FOKKE & SUKKE
GAAN NATUURLIJK IN HOGER BEROEP
ALS HET MOET, HELEMAAL TOT AAN...
...HET EUROPEES HOF VOOR DE RECHTEN VAN DE AANDEELHOUDER!
Shell
RGvT

Rechter: Shell verplicht te zorgen voor CO2-reductie

FOKKE & SUKKE
HADDEN DE SPAARKAART VOOR DE JUICHCAPE
NOG NIET EENS VOL
DAAR HEB JE
LOEKI DE LEEUW
...DIE ONS TOT IN DE
EEUWIGHEID ZAL BLIJVEN
HERINNEREN AAN DIT
KUT-EK
...asjemenou...
RGvT

Loeki de Leeuw blijft ook na sportzomer te zien

FOKKE & SUKKE
ZIJN BLIJ DAT HET EK VOORBIJ IS
PARDON,
KUNT U ONS
VERTELLEN...
WAAR
LIGGEN DE
PEPERNOTEN?
RGvT

EK voor Oranje voorbij

FOKKE & SUKKE
ZIJN FAN VAN JOHN DE MOL
JOHN STAPT NIET IN EEN RAKET
...JOHN HEEFT GEWOON DE BALLEN OM RTL EN SBS TE FUSEREN!
RGvT

Miljardairs Branson en Bezos verwikkeld in *spacerace*

FOKKE & SUKKE
VERSLAAN HET STAATSBEZOEK
DE KONING HAD WEL GELUK
...DAT JE GEEN GOEDE REDEN MEER HOEFT TE HEBBEN OM DUITSLAND TE BEZOEKEN
RGvT

Koninklijk echtpaar op staatsbezoek Duitsland

FOKKE & SUKKE
BALEN ALS EEN STEKKER
SCHERMEN OP HET MUSEUMPLEIN MOGEN NIET!
NET NU BJÖRN KUIPERS DE FINALE MOCHT FLUITEN!
F
RGvT

Björn Kuipers fluit de finale bij het EK

FOKKE & SUKKE
PROTESTEREN IN DEN HAAG
NOU, DE HOLOCAUST MAG DUS NIET MEER...
MET WIE ZULLEN WE ONZE MOEILIJKE POSITIE NÚ EENS VERGELIJKEN?
RGvT

Boerenprotesten in Den Haag; Peter R. de Vries zwaargewond na aanslag

FOKKE & SUKKE
ZITTEN IN HET CDA
HEB JIJ NOU WEER MET EEN TABAKSLOBBYIST STAAN PRATEN?!!!
snif snif
HET IS STERKER DAN IK!!
RGVT

Tabakslobby nog altijd welkom in Tweede Kamer

FOKKE & SUKKE
ZITTEN IN DE ORGANISATIE VAN LOWLANDS
HET MINISTERIE BOOD NOG WEL AAN...
...OM DE ALPHA-TENT ALS TESTSTRAAT TE HUREN.
RGVT

Doorgaan Lowlands onzeker

FOKKE & SUKKE
ZIJN IN LIMBURG
MET AL DAT FAKE NEWS OVER DIE HOOSBUIEN
PROBEREN ZE ONS ALLEEN MAAR BANG TE MAKEN VOOR KLIMAATVERANDERING
RGVT

Code oranje in Limburg door noodweer

FOKKE & SUKKE
HOPEN DAT HIJ KAN HELPEN
ZOU U ZICH WILLEN VASTBIJTEN...
...IN DE PRAKTIJKEN VAN EEN ZEKERE HEER SATAN?
RGVT

Peter R. de Vries bezweken aan gevolgen aanslag

FOKKE & SUKKE
MOETEN STRENG ZIJN
BENT U KORTER DAN 72 UUR GELEDEN NEGATIEF GETEST?
RGVT

Hulpdiensten hebben het druk in Limburg

FOKKE & SUKKE
NEMEN DE MACHT OVER
MET KALASJNIKOVS GAAT HET TOCH EEN STUK SNELLER...
...DAN MET 5G EN NANOCHIPS IN VACCINS
RGVT

Taliban verovert Kabul

FOKKE & SUKKE
HEBBEN HET HELE WEEKEND GEDEMONSTREERD
WIJ GAAN VOLGENDE ZOMER WÉÉR NAAR **UNMUTE US**!
WAS ECHT HELEMAAL TE GEK!
WIJ WILLEN DANSEN
TOT HIER EDDiE VEDDER
RGvT

Demonstraties evenementenbranche tegen coronabeleid

FOKKE & SUKKE
ZIJN DOLBLIJ DAT ZE WEER NAAR SCHOOL KUNNEN
GAAN WE LEKKER BIJ MENEER DE VRIES OP DE EERSTE RIJ...
...DE HELE TIJD ZITTEN HOESTEN
RGvT

Scholen weer open

FOKKE & SUKKE
HEBBEN DIT GELEERD VAN CORONA
ALS ALLES GOED GAAT, BEGINNEN WE OP 14 SEPTEMBER MET DE ONDERHANDELINGEN
...EN DAN HEBBEN WE OP 12 OKTOBER EEN VOORLOPIG REGEERAKKOORD
RGvT

Beweging in formatieplannen?

FOKKE & SUKKE
ZIJN NET AANGEKOMEN IN HARSKAMP
MOGEN WE TERUG NAAR KABUL?
RGvT

Jongeren Harskamp demonstreren tegen komst Afghanen

FOKKE & SUKKE
ZOEKEN NOG EEN OPENINGSACT VOOR HET WK
ZULLEN WE CHEF'SPECIAL VRAGEN?
ZOU WEL GOEDE PUBLICITEIT VOOR ZE ZIJN!
RGvT

Chef'Special gevraagd gratis op te treden bij Formule 1

FOKKE & SUKKE
GAAN ALS TALIBAN REGERINGSVERANTWOORDELIJKHEID NIET UIT DE WEG
WE MOETEN ÉÉN BLOK VORMEN MET IS...
...BIJ DE KOMENDE FORMATIEBESPREKINGEN
RGvT

GroenLinks en PvdA vormen één blok tijdens de formatiebesprekingen

FOKKE & SUKKE
WONEN BIJ HET CIRCUIT
NOU, JIJ BENT AL AARDIG IN DE STEMMING, ZIE IK
RGVT

Formule 1 op Zandvoort gaat door

FOKKE & SUKKE
HADDEN VEEL EERDER MOETEN BEGINNEN
WIJ HOPEN VANNACHT ONZE NEEF EN ZIJN GEZIN TE EVACUEREN
UIT HET MIDDENTERREIN VAN DE TARZANBOCHT
RGVT

Zandhagedissen en rugstreeppadden moeten wijken voor Formule 1

FOKKE & SUKKE
VINDEN DAT NIET IEDEREEN BESCHERMD HOEFT TE WORDEN
DE ZANDHAGEDISSEN ZIJN DUS ALLEMAAL VOOR HAMILTON!
F
RGvT

Heel Nederland staat achter Max Verstappen

FOKKE & SUKKE
DACHTEN ERVANAF TE ZIJN
NOU KOMT HET HELE PARA-F1-CIRCUS ÓÓK NOG NAAR ZANDVOORT!
RGvT

Formule 1 op Zandvoort voorbij

FOKKE & SUKKE
MAKEN ZICH ONTZETTEND ZORGEN OVER DE STIKSTOF-UITSTOOT
WE MOETEN DE BOEREN UITKOPEN IN HET KADER VAN HET REDDEN VAN DE
WONINGBOUWSECTOR
RGvT

Stikstofprobleem

FOKKE & SUKKE
STELLEN DE FEUT GERUST
JA JOH
TEGEN DE TIJD DAT JE WEER KAN LOPEN, IS DE SCHORSING VAN ONS DISPUUT ALLANG VOORBIJ!
RGvT

Enkele disputen van Amsterdams studentencorps geschorst vanwege onregelmatigheden

FOKKE & SUKKE
ZIJN MACHTIGER DAN OOIT
'GESCHORST'?!! ONZIN!!!
WE ZIJN EEN DEMISSIONAIR GROENBESTUUR.
RGvT

Studenten van nu zijn de bestuurders van morgen

FOKKE & SUKKE
ZIJN AL BEGONNEN AAN DE CULTUURVERANDERING
ROETKAP MAG NIET MEER!
HET IS: KAP VAN KLEUR
RGvT

Senaat van ASC/AVSV wil ontgroening ingrijpend veranderen

FOKKE & SUKKE
KREGEN EEN GEBOORTEKAARTJE VAN WOKE VRIENDEN
EEN GENDERNEUTRALE OPVOEDING BEGINT MET EEN GENDERNEUTRALE NAAM...
GEBOREN: HENNY
RGvT

Wanneer worden geboorten genderneutraal?

FOKKE & SUKKE
HEBBEN ANONIEM HUN MESSEN INGELEVERD
BETEKENT WEL DAT WE VOORTAAN
...ALLEEN NOG KIPFILET IN BLOKJES KUNNEN KOPEN
RGvT

Utrecht roept jongeren op om anoniem messen in te leveren bij de politie

FOKKE & SUKKE
ZOEKEN DE NUANCE
WAT VIND JIJ EIGENLIJK ERGER? DIE CARTOON VAN OPPENHEIMER OF DE AANSLAGEN VAN 9/11?
MOEILIJK... MOEILIJK...
RGvT
Ophef om cartoon Ruben Oppenheimer

FOKKE & SUKKE
ZIJN ERUIT
OMTZIGT GAAT IN ZIJN EENTJE
EEN MINDERHEIDSKABINET VORMEN
RGvT
Omtzigt keert terug in Tweede Kamer, wat is hij van plan?

FOKKE & SUKKE
KUNNEN ZICH WEL VOOR HUN KOP SLAAN
WE HADDEN DIE EVACUATIE UIT KABUL
...GEWOON DOOR SYWERT VAN LIENDEN MOETEN LATEN DOEN!!!
RGvT

Debat over evacuatie uit Kabul

FOKKE & SUKKE
MOGEN EINDELIJK WEER EENS NAAR HET THEATER
PORGY FRANSSEN
MET JANSSEN
RGvT

Theaters weer open

FOKKE & SUKKE
GAAN OVER OP WINDOWS 11
WEL JAMMER DAT BILL GATES NIET IN EEN COLTRUI...
...OP EEN PODIUM DE NIEUWE VERSIE AANKONDIGT.
RGvT

Aankondiging nieuwe release Windows

FOKKE & SUKKE
WETEN NOG NIET OF ZE GAAN KIJKEN
ZO'N PERSCONFERENTIE VAN DE KONING IS TOCH NIET COMPLEET...
ZONDER IRMA SLUIS
RGvT

Prinsjesdag 2021

FOKKE & SUKKE
DOEN VERSLAG VAN DE FORMATIE
DE SFEER IS NOG STEEDS UITSTEKEND
POETIN VERWACHT BINNEN ENKELE MINUTEN EEN NIEUW KABINET TE HEBBEN
RGvT

Partij van Poetin behoudt comfortabele meerderheid in Russisch parlement

FOKKE & SUKKE
WILLEN NIKS SUGGEREREN, MAAR...
ALS JE DE QR-CODE IN SPIEGELBEELD SCANT..
DAN STAAT ER DUS 666!!!
RGvT

Protest tegen coronapas gebruikt grote woorden: ‘dictatuur’, ‘fascisme’

FOKKE & SUKKE
ZITTEN DE KAMER VOOR
EN DAN NU HET WOORD AAN
HET FORUM VOOR "DEMOCRATIE"
RGvT

Baudet bagatelliseert holocaust

FOKKE & SUKKE
WILLEN DE ALGEMENE BESCHOUWINGEN SEXYER MAKEN
WE NOEMEN HET VOORTAAN **WOBTALK**!
RGvT

Algemene Beschouwingen

FOKKE & SUKKE
BALEN NU AL VAN DE CORONAPAS
IK WIL HET NIET MET DE HOLOCAUST VERGELIJKEN
MAAR WE MOETEN WEL HEEL LANG IN DE RIJ STAAN BIJ HET ALL-YOU-CAN-EAT-RESTAURANT
RGvT

Invoering coronapas in horeca

FOKKE & SUKKE
MOETEN DE MAATREGELEN HELAAS VERZWAREN
MAXIMAAL 24 UUR VAN TEVOREN TESTEN OF JE HET EENS BENT MET DE KABINETSSTANDPUNTEN...
...ANDERS GEEN INTERVIEW!!!
RGvT

Mona Keijzer ontslagen na interview

FOKKE & SUKKE
HEBBEN HET AL DRUK GENOEG
KLIMAATDOELEN VAN 2050?
WE ZIJN NOG BEZIG MET HET KOFFIEZET-APPARAAT OP DE 7e
RGVT

Klimaatdoelen worden niet gehaald

FOKKE & SUKKE
BLIJVEN OVERTUIGDE BREXITEERS
WIJ NEMEN ALTIJD GEWOON EVEN DE TREIN NAAR CALAIS...
...OM TE TANKEN
RGVT

In Verenigd Koninkrijk wordt benzine gehamsterd

FOKKE & SUKKE
ERGEREN ZICH AAN DE TWEEDELING IN DE MAATSCHAPPIJ
AAN DE ENE KANT ALLE MENSEN DIE NADENKEN...
...EN AAN DE ANDERE KANT AL DIE GEKKEN!
RGvT

Mening over corona verdeelt de maatschappij

FOKKE & SUKKE
BALEN VAN DE WOONCRISIS
PROBEER NU NOG MAAR EENS EEN PAAR PANDEN VOOR DE VERHUUR OP DE KOP TE TIKKEN
NIET TE DOEN!!
RGvT

Wooncrisis begint nu echt om zich heen te grijpen

FOKKE & SUKKE
ZIEN KANSEN
HÉ! DE VADER VAN BRITNEY SPEARS KAN NU CURATOR WORDEN
...VAN LANGE FRANS!
RGvT

Vader Britney Spears moet stoppen als wettelijk vertegenwoordiger

FOKKE & SUKKE
LAZEN DIT IN DE KRANT
ZEVENTIG JAAR TELEVISIE!
HÉ, TOEVALLIG! DAT IS OOK DE GEMIDDELDE LEEFTIJD VAN DE KIJKER!
RGvT

Televisie viert zeventigjarig bestaan

FOKKE & SUKKE
VOLGEN DE TOTSTANDKOMING VAN RUTTE IV
BREEKPUNT IS OP DIT MOMENT...
...OP WELKE POST HALBE ZIJLSTRA MOET TERUGKEREN
RGvT

'Rutte IV wordt helemaal anders'

FOKKE & SUKKE
ZIJN REÜNISTEN VAN MINERVA
...EN TOEN GING WOPKE NAAR DE MAAGDENEILANDEN...
...MOESTEN ZE DAARNA METEEN DE NAAM VER-ANDEREN, HAHAHA...
RGvT

Wopke Hoekstra investeerde via belastingparadijs

FOKKE & SUKKE
ZITTEN AL DE HELE AVOND ALLEEN AAN DE BAR
AL DIE KUTWIJVEN MOETEN EENS GOED IN HUN FLAMOES GE-BUFFELD WORDEN...
DOOR ECHTE KERELS ZOALS WIJ!!!
RGvT

Schrijver Herman Brusselmans schoffeert collega's tijdens literair festival

FOKKE & SUKKE
VINDEN HET TOCH NETJES
POETIN HEEFT NA DE PANDORA PAPERS ZIJN EXCUSES AANGEBODEN
...EN DE 120 MILJARD WINST AAN EEN GOED DOEL OVERGEMAAKT
F
RGvT

Hoekstra doneert dubieuze beleggingswinst aan goed doel

FOKKE & SUKKE
DEDEN OOK MEE AAN DE MISS WORLD-VERKIEZINGEN
LAAT JIJ JE VACCINEREN?
ALLEEN MET BOTOX
RGvT

Miss World Nederland weigert vaccin

FOKKE & SUKKE
GAAN NIET NAAR NEDERLAND
GASPRIJZEN VERACHT- VOUDIGD...
...EN NOU WORDT NETFLIX OÓK NOG 3 EURO DUURDER!
RGvT

Kosten in Nederland blijven stijgen

FOKKE & SUKKE
KOMEN DE BURGERS TE HULP
ER KOMT EEN ENERGIETOESLAG!
WIE DURFT, KAN HEM AANVRAGEN
RGvT

Moet de overheid hoge gasrekening compenseren?

FOKKE & SUKKE
HEBBEN LAST VAN HET ALGORITME
IK GA NAAR TWITTER, VAN FACEBOOK WORD IK ALTIJD ZO KWAAD!!!
RGvT

Facebook onder vuur door onthullingen klokkenluider

FOKKE & SUKKE
DOEN ONDERZOEK NAAR BEDREIGDE WETENSCHAPPERS
EN TOCH IS HET BELANGRIJK...
...OM ZE NIET BIJ TE VOEREN.
RGvT

Wappies bedreigen wetenschappers

FOKKE & SUKKE
GEVEN LEIDING AAN DE BELASTINGTELEFOON
GOED DAT JE JE KLACHT MELDT, DE VRIES.
MAAR ALS JE EEN VENT BENT, KOM JE HET HIER TEGEN ONS ZEGGEN!!
RGvT

Angstcultuur bij de Belastingdienst

FOKKE & SUKKE
ZIJN OOK VOOR KEIHARDE SANCTIES TEGEN POLEN
MAAR PAS NÁ 2026
ALS DE VERBOUWING VAN DE TWEEDE KAMER KLAAR IS
RGvT

Poolse rechters overschrijden grens, in EU én in Polen

FOKKE & SUKKE
KUNNEN ER NIET MEER TEGEN
ALS NEDERLAND NOU NÓG BARMHARTIGER WORDT
DAN EMIGREREN WE NAAR HONGARIJE!!!
RGvT

Streng immigratiebeleid onder druk van rechtse kiezers

FOKKE & SUKKE
ZIJN DAN MAAR BIJ DE DANSMARATHON VAN SBS6 DOORGEGAAN
BIJ HET AMSTERDAM DANCE EVENT...
IS HET OM 12 UUR AL AFGELOPEN!
RGvT

Vijftig uur non-stop dansen bij SBS

FOKKE & SUKKE
GUNNEN HUN DOCHTER HET BESTE
ZE WAS EERST TURNSTER
DUS DIE LOOPT NU HEEL RELAXED GROENTIJD BIJ HET CORPS
RGvT

Turnsters melden misstanden

FOKKE & SUKKE
GAAN DEMONSTREREN BIJ HET ZIEKENHUIS IN ZWOLLE
HET LEIDT DUS TOT EEN HELE NARE TWEEDELING
...WAARBIJ ONGEVACCINEERDEN VOORRANG KRIJGEN BIJ MEDISCHE ZORG
R∃VOLUTION
RGvT

Ziekenhuis Zwolle zegt operaties af vanwege toestroom coronapatiënten

FOKKE & SUKKE
SNAPPEN NIET DAT DIE BOOMERS ZO MOEILIJK DOEN
KAN EUROPA HET NIET GEWOON PER WHATSAPP...
...UITMAKEN MET POLEN?
RGvT

Positie van Polen in de EU kan onhoudbaar worden

FOKKE & SUKKE
FAKEN NIETS MEER BIJ EEN SOLLICITATIE
HET LIJKT ONS WEL EEN GOED BETAALDE BAAN VOOR WEINIG WERK...
OF WILT U EEN LULVERHAAL OVER PASSIE?
RGvT

Tekorten op arbeidsmarkt versterken positie werkzoekende

FOKKE & SUKKE
GAAN NOOIT MEER NAAR DE VELUWE
WAT STINKT HET HIER
JA, JE HEBT IN DE WOLVENPOEP GETRAPT
RGvT

Wolven op de Veluwe

FOKKE & SUKKE
HOEVEN NIET MEER TE TANKEN
NU IS HET ALLEEN NOG EEN KWESTIE VAN GOED BANDENMANAGEMENT!
RGvT

Delftse zonneauto Nuna 11 doet mee aan Solar Challenge Morocco

FOKKE & SUKKE
WAREN TE LAAT VOOR BITCOIN
MAAR WE HEBBEN WÉL DRIE MAANDEN GELEDEN GEÏNVESTEERD...
...IN DEZE JERRYCANS BENZINE
RGvT

Benzineprijs stijgt tot ongekende hoogte

FOKKE & SUKKE
ZIJN NAAR DE PREMIÈRE VAN HONEYPOT GEWEEST
KOM, WE GAAN NAAR HUIS
NOG EVEN GOEDE VIDEOKUNST KIJKEN, OP PORNHUB
RGvT

UvA-student Jini maakt kunstproject van seksdate met rechtse filosoof

FOKKE & SUKKE
BEZWIJKEN VOOR DE ACTIVISTISCHE AANDEELHOUDERS
WE KNIPPEN DE BOEL OP IN SHELL OIL...
...EN SHELL GREENWASHING
RGvT

Activistische aandeelhouders willen dat Shell zich opsplitst

FOKKE & SUKKE
VINDEN DAT META MOET WORDEN OPGESPLITST
ÉÉN INTERNET-TAK...
...EN ÉÉN DIE ZICH BEZIGHOUDT MET RUIMTEREIZEN
RGvT

Meta nieuwe naam van moederbedrijf Facebook

FOKKE & SUKKE
BEREIDEN DE SLOTVERKLARING VAN GLASGOW VOOR
WE GAAN HET VERDRAG SPLITSEN: ÉÉN DEEL MET TORENHOGE AMBITIES...
...EN ÉÉN MET SLAPPE PLANNEN
01-12 NOV 2021
GLASGOW
COP26
IN PARTNERSHIP WITH ITALY
RGvT

Regeringsleiders aanwezig op VN-klimaatconferentie in Glasgow

FOKKE & SUKKE
DOEN ER NOG EENTJE
ÉÉN BOOMPJE IS NIET ZO ERG
DE HELE MAAND OKTOBER WAREN WE AL GESTOPT MET ONTBOSSEN
RGVT

Wereldleiders beloven: einde aan ontbossing voor 2030

FOKKE & SUKKE
ZITTEN IN GLASGOW
RUTTE WIL WEL HEEL GRAAG EEN...
'GEWOON-LEKKER-KUNNEN-BLIJVEN-BARBECUEËN-PARAGRAAF' IN DE SLOTVERKLARING
RGVT

Zullen we werkelijk ons gedrag veranderen?

FOKKE & SUKKE
ZIJN HEEL TEVREDEN OVER HET KABINETSBELEID
EEN VOLLEDIGE LOCKDOWN MET KERST
WIE KAN DAAR NOU TEGEN ZIJN?
F
RGvT

Besmettingen moeten omlaag, passende maatregelen nodig

FOKKE & SUKKE
VIEREN SINTERKLAAS
ACH... ZWARTE PIET... ROETVEEGPIET...? ALS WE TIKKEN UIT-DELEN MET ONZE ROE
...MERKEN DIE KIDS HEUS HET VERSCHIL NIET.
RGvT

Mogen Pieten nu ook al niet meer kinderen slaan?

FOKKE & SUKKE
ZIJN NORMAAL BEST GEËMANCIPEERD
MAAR HET UITZOEKEN VAN EEN KERSTBOOM
KUN JE GEWOON NIET AAN VROUWEN OVERLATEN.
RGVT

Hoe *woke* is kerst?

FOKKE & SUKKE
HEBBEN DE ENERGIETRANSITIE AL GEMAAKT
ONS HUIS IS VAN HET GAS AF!
GEWOON EEN KWESTIE VAN EEN TIJDJE DE REKENING NIET BETALEN!
PIZZA
RGVT

Goed voornemen voor 2022: Nederland van het gas af